Je peux faire
QUINZE

CHRISTINA EARLEY

Un livre de la collection
Les racines de Crabtree

CRABTREE
Publishing Company
www.crabtreebooks.com

Soutien de l'école à la maison pour les parents, les gardiens et les enseignants

Ce livre aide les enfants à se développer grâce à la pratique de la lecture. Voici quelques exemples de questions pour aider le lecteur ou la lectrice à développer ses capacités de compréhension. Les suggestions de réponses sont indiquées en rouge.

Avant la lecture

- De quoi ce livre parle-t-il?
  - *Je pense que ce livre parle de faire un ensemble de quinze.*
  - *Je pense que ce livre parle de faire des additions jusqu'à quinze.*

- Qu'est-ce que je veux apprendre sur ce sujet?
  - *Je veux apprendre comment additionner jusqu'à quinze.*
  - *Je veux apprendre différentes façons d'arriver à quinze.*

Pendant la lecture

- Je me demande pourquoi...
  - *Je me demande pourquoi deux et treize font quinze.*
  - *Je me demande pourquoi huit plus sept égale quinze.*

- Qu'est-ce que j'ai appris jusqu'à présent?
  - *J'ai appris que six et neuf font quinze.*
  - *J'ai appris que quatre plus onze égale quinze.*

Après la lecture

- Nomme quelques détails que tu as retenus.
  - *J'ai appris que cinq et dix font quinze.*
  - *J'ai appris que huit plus sept égale quinze.*

- Lis le livre à nouveau et cherche les mots de vocabulaire.
  - *Je vois le mot **quinze** à la page 3 et le mot **plus** à la page 8. L'autre mot de vocabulaire se trouve à la page 14.*

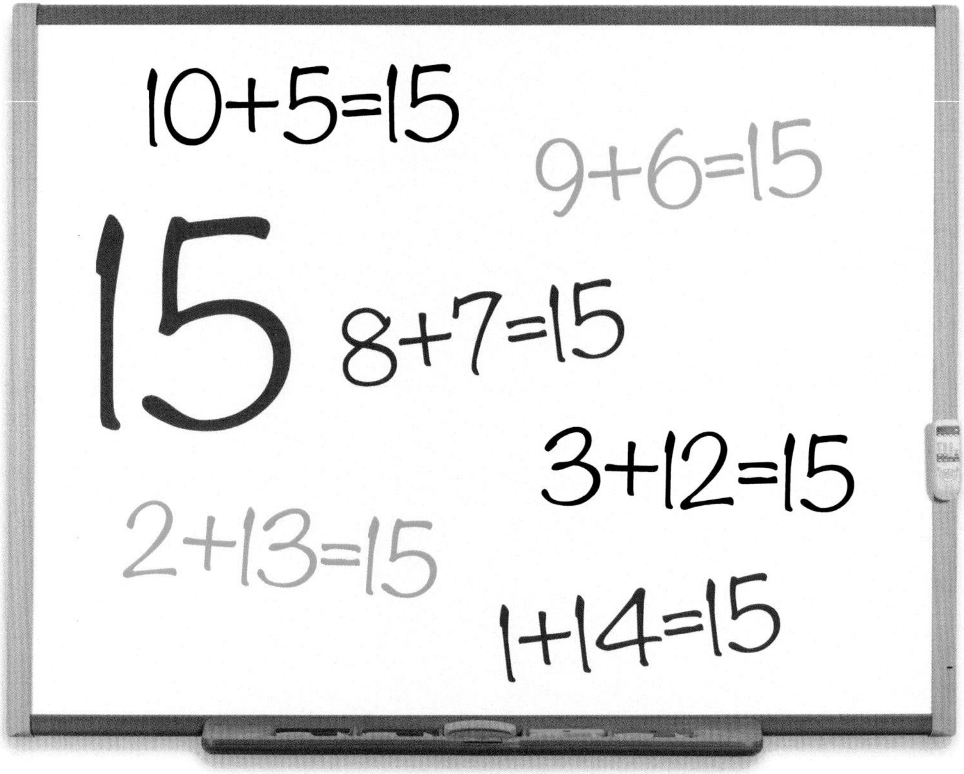

$10+5=15$

$9+6=15$

15

$8+7=15$

$3+12=15$

$2+13=15$

$1+14=15$

Je peux additionner pour faire le nombre **quinze**.

Deux et treize font quinze.

2 + 13

Six et neuf
font quinze.

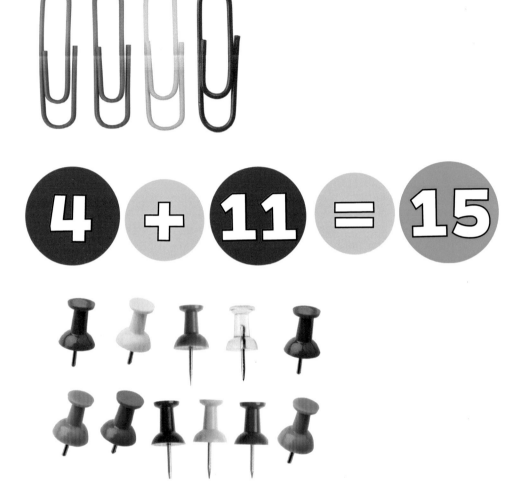

Quatre **plus** onze
égale quinze.

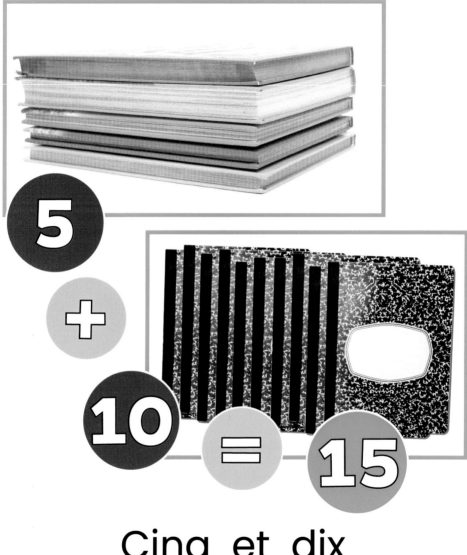

Cinq et dix
font quinze.

Huit plus sept égale quinze.

C'est amusant de
faire quinze à l'école.

Liste de mots
Mots courants

à	et	neuf
amusant	faire	pour
c'est	font	quatre
cinq	huit	sept
deux	je	six
dix	le	
école	peux	

La boîte à mots

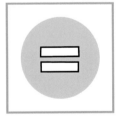

égale

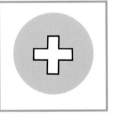

plus

quinze

40 mots

Je peux additionner pour faire le nombre **quinze**.

Deux et treize font quinze.

Six et neuf font quinze.

Quatre **plus** onze **égale** quinze.

Cinq et dix font quinze.

Huit plus sept font quinze.

C'est amusant de faire quinze à l'école.

Autrice : Christina Earley

Conception : Rhea Wallace

Développement de la série :
James Earley

Correctrice : Janine Deschenes

Conseils pédagogiques :
Marie Lemke M.Ed.

Traduction : Annie Evearts

Coordinatrice à l'impression :
Katherine Berti

Références photographiques :
Shutterstock : Se-rgey : couverture, p.
1; RTImages : p. 3; Ivan Masiuk : p. 5
(haut), 7; roopankit : p. 5 (bas); Billion
photos : p. 6; photka : p. 8; Diana
Taliun : p. 9 (haut); TerraceStudio : p.
9 (bas); Pixelphoto : p. 11 (haut); Africa
Studio : p. 11 (bas); gpointsudio : p. 13

JE PEUX FAIRE DES ENSEMBLES

Je peux faire

QUINZE

Crabtree Publishing Company

www.crabtreebooks.com   1-800-387-7650

Publié aux États-Unis
Crabtree Publishing
347 Fifth Avenue
Suite 1402-145
New York, NY, 10016

Publié au Canada
Crabtree Publishing
616 Welland Ave.
St. Catharines, Ontario
L2M 5V6

Imprimé au Canada/062021/CPC

**Catalogage avant publication de
Bibliothèque et Archives Canada**
Titre: Je peux faire quinze / Christina Earley ; texte
     français d'Annie Evearts.
Autres titres: I can make fifteen. Français. | Je peux faire 15
Noms: Earley, Christina, auteur.
Description: Mention de collection: Je peux faire des
     ensembles | Les racines de Crabtree | Traduction
     de : I can make fifteen. | Comprend un index.
Identifiants: Canadiana (livre imprimé) 2021025761X |
     Canadiana (livre numérique) 20210257636 |
     ISBN 9781039604513 (couverture souple) |
     ISBN 9781039604575 (HTML) |
     ISBN 9781039604636 (EPUB) |
     ISBN 9781039604698 (livre numérique avec narration)
Vedettes-matière: RVM: Addition—Ouvrages pour
     la jeunesse. | RVM: Mathématiques—Ouvrages
     pour la jeunesse. | RVMGF: Documents pour la
     jeunesse.
Classification: LCC QA115 .E27214 2022 | CDD j513.2/11—dc23